Bibliografische Information der Deutschen Nationalbibliothek:

Die Deutsche Bibliothek verzeichnet diese Publikation in der Deutschen National-bibliografie; detaillierte bibliografische Daten sind im Internet über http://dnb.d-nb.de/ abrufbar.

Impressum:

Copyright © 2018 GRIN Verlag
Druck und Bindung: Books on Demand GmbH, Norderstedt Germany
ISBN: 9783668896598

Dieses Buch bei GRIN:

https://www.grin.com/document/456381

Philipp Blaich

Untersuchungen zu dem Streben nach Liebe, romantischer Liebe in der Gegenwart so wie Einflussnahme von Film und Werbung auf romantische Ideale und Alltagsphantasien

Soziologie der Liebe

GRIN Verlag

GRIN - Your knowledge has value

Der GRIN Verlag publiziert seit 1998 wissenschaftliche Arbeiten von Studenten, Hochschullehrern und anderen Akademikern als eBook und gedrucktes Buch. Die Verlagswebsite www.grin.com ist die ideale Plattform zur Veröffentlichung von Hausarbeiten, Abschlussarbeiten, wissenschaftlichen Aufsätzen, Dissertationen und Fachbüchern.

Inhalt

Einleitung

Es ist nicht leicht, in einem gesellschaftswissenschaftlichen Rahmen eine Beschreibung von Emotionen *en detail* vorzunehmen bzw. Gefühle und Gefühlslagen so zu bestimmen und zu charakterisieren, dass sie nicht nur rein assoziativ verstanden werden. Ziel sozialwissenschaftlicher Arbeiten ist es schließlich meiner Auffassung nach, Thematiken so zu behandeln, dass anhand Beobachtungen *objektive* Determinanten für bestimmte Sachverhalte festgestellt, und damit bzw. daraus Theorien abgeleitet werden können, die sich auf Regelmäßigkeit stützen. Die Liebe, von der im Rahmen dieser Arbeit gesprochen wird, meint die *romantische Liebe*. Der erste Teil dieser Arbeit ist es zunächst zu bestimmen, was als *Liebe* in ihren verschiedenen Formen verstanden wird, und was *romantische Liebe* bedeutet.

Die Thematik Liebe ist, meiner Ansicht nach keine ausnahmslos psychologisch oder „künstlerisch" interessierende, wie oft gemeint wird. Sie ruft als Komplex die stärksten Emotionen - positiv wie negativ - hervor, und zeigt nach außen erhebliche Wirkungen; denn auch bei vermeintlich „exklusiven" Beziehungen besteht eine Interkonnektivität und -dependenz zu dem was außerhalb des Intimitätsbereiches liegt. Ebenfalls scheint mir, dass die Liebe bzw. das Fehlen von Liebe großen Einfluss auf das Selbstwertgefühl und auf die soziale Anerkennung haben. Kurzum ist die Liebe ein Phänomen, das die ganze Gesellschaft gleichermaßen berührt.

Ich werde daher nach einer ausführlichen Begriffsdifferenzierung, die Grundtheorien des Strebens nach Liebe in der Neuzeit und in der Gegenwart erläutern. Dabei will ich der Frage nachgehen, wieso Menschen nach romantischer Liebe streben.[1]

Ein besonderer Fokus dieser Arbeit soll dann eine Diskussion der Wirkmacht bzw. des Einflusses des Massenmediums Film und Werbung in Bezug auf romantisches und erotisches Erleben sein. Dieses scheint mir im „digitalen Zeitalter" und Zeiten der „Kulturindustrie" angebracht. Im Zuge dessen soll auch darüber gesprochen werden, welche Bedeutung Phantasie und Erwartungen in der Realität haben, und inwiefern diese von besagten Medien geprägt werden.

---

[1] Die meisten der mir vorliegenden Studien und Untersuchungen beziehen sich auf den kulturell und medial westlich geprägten Teil der Welt. Grundsätzlich gehe ich davon aus, dass in verschiedenen Kulturkreisen verschiedene gesellschaftliche Codes herrschen, und somit die Untersuchung romantischer Ideale verschiedener Kulturen im Vergleich Thema einer separaten Arbeit sein könnte. Ich gehe auch zunächst davon aus, dass Ideale in Ländern westlich geprägter Kultur weitgehend Überschneidungen auch durch die massenhafte Verbreitung von Stereotypen und Bildern wie beispielsweise durch Film aufweisen, will mich aber an dieser Stelle keiner Spekulation hingeben.

Begriffsbestimmungen - Liebe

Zur weiteren Einleitung in die Thematik, und um gängige Verständnisformen zu verglei-chen, will ich an dieser Stelle einige Definitionen von dem Wort *Liebe* anführen, um mit dem Begriff sauber arbeiten zu können. Im Folgenden seien zum Zwecke der Differenzierbarkeit drei verschiedene Wortdefinitionen genannt.

Das Kluge Wörterbuch schreibt[2]:

> Liebe ist eine spätere nur deutsche Abstraktbildung zu *lieb*. Herkunft von *lieb*: russisch *ljubit* = lieben; altenglisch *lufian* = gern haben; lateinisch *libido* = Verlangen, Begierde; altirisch *lúbhyati* = (passiv) wird Irre, gerät in Unordnung; indogermanischer Stamm **lub* und **(a)leu* zu griechisch *aláomai* = ich irre umher

Der Duden[3]:

> **Liebe**
> 1a. starkes Gefühl des Hingezogenseins, starke im Gefühl begründete Zuneigung zu einem [nahe-stehenden] Menschen
> b. auf starker körperlicher, geistiger, seelischer Anziehung beruhende Bindung an einen bestimmten Menschen, verbunden mit dem Wunsch nach Zusammensein.
> c. sexueller Kontakt, Verkehr
> 2. Gefühlsbetonte Beziehung zu einer *Sache*, Idee oder Ähnlichem

Das Oxford Dictionary der englischen Sprache[4]:

> **love**
> 1. An intense feeling of deep affection
> 1.1 A strong feeling of affection and sexual attraction for someone
> 1.3 A formula for ending an affectionate letter.
> 2. A great interest and pleasure in something

Als Schnittmenge der drei oben genannten Wortdefinitionen, stellt sicher heraus, dass die Liebe Grundlegend als ein intensives Gefühl der Zuneigung zu einem anderen Menschen verstan-den wird. Interessant ist hierbei, dass die „sexuelle Anziehung" im Englischen eher wichtig scheint, wobei in der deutschen Sprache „die Liebe" die *Bindung an einen Menschen auf körper-licher, geistiger und seelischer* und somit auch *intellektuelle Anziehung* miteinbezieht. Diese Zu-

---

[2] Kluge, *Etymologisches Wörterbuch der deutschen Sprache*, 25. Aufl., Berlin, De Gruyter, 2011, S.576f.
[3] Duden, *Liebe*, Online, 2017, <http://www.duden.de/rechtschreibung/Liebe>, (zuletzt geprüft: 18.07.2017).
[4] Oxford Dictionary, *Love*, Online, <https://en.oxforddictionaries.com/definition/love>, (zuletzt geprüft: 18.7.2017).

schnürung macht sich meiner Ansicht nach auch in der Benutzungshäufigkeit des Liebesgeständnisses in der Alltagssprache, Film oder Literatur bemerkbar. Im Deutschen verwendet man „ich liebe dies oder das" oder „ich liebe dich" wesentlich weniger, bzw. mehr bedacht als im Englischen die Übersetzung „I love this or that" bzw. „I love you". Jene Bedeutungsunterschiede könnten den abweichenden Gebrauch erklären. Bedeutend für die Beschreibung der Gefühlslage der Liebe ist auch die genannte *Verwirrung*, als etymologischen Bestandteil des Liebesbegriffs im Altirischen und Griechischem.

Eine weitergehende Unterteilung der Liebe führt Woschitz in seiner Dissertation „Die Macht der Liebe"[5] an: In der griechischen Sprache gibt es drei Begriffe die das „mehrdeutige Phänomen" *Liebe* als eine Zuneigung zu einer *Person*, einer *Sache* oder zu einem *Mehr-als Menschlichem* definieren. Diese Begriffe wurden im antiken Griechenland zu verschiedenen Zeiten von verschiedenen Personen (u.a. Hesiod, Aristophanes, Aristoteles und Platon) mit unterschiedlichen Meinungen diskutiert und gewichtet:

Eros – namentlich einer Figur der griechischen Mythologie entlehnt, als die begehrende Suche nach Erfüllung, Erkenntnis und Glück[6];

Philia - die freundschaftliche Liebe und Schule der Tugend; die Tugend der Freunde, und das Wollen des Guten für den anderen um des anderen Willen[7].

Agape - die allgemeine [altruistische, P.B.] Menschenliebe; wesentlich später kirchlich aufgefasst als die Liebe Gottes zu der von ihm geschaffenen Welt und den Menschen[8].

Platon sieht den Eros in seinem *Symposion* unter anderem als „tókos en kalo" [griech. ‚Geburt bzw. Fruchtbarkeit im Schönen'] an.[9] Freud nahm später den Begriff „Eros" für seine Psychoanalyse und verstand ihn synonym zu dem Lebenstrieb, der psychischen Energie des Libido, welche dem (destruktivem) Todestrieb gegenüber steht.[10] Die Erotik, und das Erotische, stammen begriffs- und bedeutungsgemäß unweigerlich von *Eros* ab, sind im allgemeinen Sprachgebrauch jedoch auf das Sexuelle und das sexuelle Begierden Auslösende begrenzt.

---

[5] Karl Matthäus Woschitz, 'Die Macht der Liebe. Eros, Philia und Agape', *Disputatio philosophica*, vol. 13 no.1, 2011, p. 117-131, Faculty of Philosophy of the Society of Jesus in Zagreb, https://hrcak.srce.hr/100725, (zuletzt geprüft: 6.02.2018).
[6] ibidem 118
[7] ibidem 129
[8] ibidem
[9] nach Wilhelm Schmid, *Die Geburt der Philosophie im Garten der Lüste*, Frankfurt am Main, Hain / Athenäums Verlag, 1990.
[10] Woschitz, 'Die Macht der Liebe', 117

Von dem lateinischen Wort *amare* (dt. lieben, mögen) über das Französische[11] leitet sich in der deutschen Sprache die (Poly-)*Amorie* und das Adjektiv *amourös* ab. Diese Worte sind nicht mehr der Liebe gleichzusetzten, sondern „Liebschaften betreffend"[12]. Was dies betrifft, ist eine Liebschaft ein „nicht sehr ernsthaftes Liebesverhältnis"[13]. „romantisch" bedeutet die „Romantik betreffend" bzw. „gefühlsbetont, schwärmerisch, die Wirklichkeit idealisierend"[14].

Wie anhand dieser Ausführungen sichtbar wird, ist der Begriff der *Liebe* mannigfaltig in seiner Bedeutung und in seinem Gebrauch, und damit zu uneinheitlich, um ihn einfach so zu benutzen. Ich werde folglich im Verlauf der Arbeit die romantische Liebe vorerst festlegen als: *das Begehren nach Nähe und Einklang auf intellektueller, emotionaler, körperlicher und sexueller, sowie räumlicher Ebene zu einem bestimmten Menschen nach bestimmten Idealen.* Folgende Eigenschaften werden der Liebe noch zu gesprochen: Sie ist zeitlich nicht determiniert, nur begrenzt kontrollier-, bzw. rationalisierbar und kann zwischen zwei Menschen auch einseitig sein.[15] *Liebesbeziehungen* sind für mich Versuche das o.g. multidimensionale Begehren zu erfüllen. Dies, so nehme ich zunächst an, geschieht anhand der Vorstellung bestimmter Ideale - je nach soziokultureller Entwicklung - mit der Hoffnung, dass der Partner oder die Partnerin diese im *Idealfall* teilt. Diese vorgestellten Ebenen können dabei verschiedene Intensitäten, als auch Formen annehmen. Die Partnerschaft in Abgrenzung zur Liebe ist eine rationalisierte Beziehung mit tradierten Bedingungen und Rollenverteilungen, sowie bewusstem Ein- und Austreten.[16] Das heißt auch, dass Partnerschaften nicht zwingend Liebesbeziehungen sind.

Heterosexuelle Konstellationen

Im weiteren Verlauf Arbeit werde ich mich auf Grund von Datenhegemonie und medialen Leitbildern auf heterosexuelle Mann-Frau Beziehungen konzentrieren. Aus Gesprächen mit Menschen, die sich als homo- oder bisexuell ausgerichtet bezeichnen, habe ich weitestgehend große Überschneidungen von Problematiken in Liebesbeziehungen und Partnerschaften feststellen können. Allein die Wortdefinitionen (s.o.) implizieren und exkludieren keine sexuelle Ausrichtung in

---

[11] vgl. franz. *Amis* = der Freund; *amour* = die Liebe
[12] Duden, *amourös*, Online, <https://www.duden.de/rechtschreibung/amouroes>, (zuletzt geprüft: 26.10.2017).
[13] Duden, *Liebschaft*, Online, <https://www.duden.de/rechtschreibung/Liebschaft>, (zuletzt geprüft: 26.10.2017).
[14] Duden, *Deutsches Universalwörterbuch*, 8.Aufl., Berlin, Dudenverlag, 2015, S. 1475.
[15] Astrid Rieh-Emde, 'Liebe – Partnerschaft – Sexualität' in Rainer Hornung, Claus Buddeberg, Thomas Bucher (ed.), *Sexualität im Wandel*, Zürich, Vdf Hochschulverlag, 2004, S. 121f.
[16] ibidem 120; Beispiel: Das Besprechen und Einigen über „Sind wir zusammen?", die Eheschließung und -Scheidung, das ändern eines Beziehungsstatus auf sozialen Netzwerken, etc.

ihrem Verständnis der Liebe. Dennoch haben diese drei in ihrer geschlechtlichen Ausrichtung verschiedenen Beziehungen auch unterschiedliche, spezifische Dynamiken, auf die ich aber nicht weiter eingehen werde. Das Selbstverständnis dieser Arbeit begründet sich nicht darauf, Prozesse, Handlungsmuster, und Wertekategorien zu erfassen, die ausschließlich in heterosexuellen Beziehungen gültig sind, auch wenn ferner implizit und explizit von heterosexuellen Liebesbeziehungen gesprochen wird.

Das Bedürfnis nach Liebe

Zur Frage, warum Menschen nach Liebe streben, lassen sich viele soziologische Erklärungen finden, die teilweise früh in der menschlichen Entwicklung veranlagt sind.

Günter Dux beginnt in seinem Buch „Geschlecht und Gesellschaft" mit seiner Theorie der Liebe bei der Enkulturation des Menschen. Grundlegend, so Dux, ist der Mensch dadurch Mensch geworden, dass er durch Enkulturation sein „natürliches", rein instinktives, „tierisches" Verhaltenssystem stark abgebaut hat und nun auch nicht mehr die Fähigkeit hat, rein instinktiv zu handeln.[17] Enkulturation kann man, verstehen als die Bildung einer Kompetenz zur soziokulturellen Gestaltung von Leben und Umwelt. Der Mensch wird geboren als ein unausgeglichenes Wesen, dass erst durch *Subjektivierung* die Chance bekommt, sein Leben bestreiten, führen oder bestimmen zu können. Denn genetisch und kognitiv vollendet bringt er dies nicht bei der Geburt zur Welt. Wenn man die menschliche Welt, als Systeme von Mensch-Mensch und Mensch-Umwelt betrachtet, funktionieren diese auf dem Prinzip der Äquilibration, der insgesamten Ausgeglichenheit. Das neugeborene Kind bringt durch seine Unangepasstheit ein Ungleichgewicht in das System, welches folglich zum Antrieb zur Anpassung und Entwicklung „menschlicher" (sozialer, kognitiver, etc.) Kompetenzen, und damit zum Antrieb zur Stabilitätswahrung im Sinne eines Zustandes der Äquilibration des Systems wird. Diese „Organisationsform" bezeichnet Dux als Subjektivierung.[18] Im Prozess dieser Subjektivierung, bindet sich das Kind körperlich auch an seine Mutter oder einen anderen Menschen, der sich um ihn sorgt. Dadurch wird in dem Grundaufbau des Menschen ein Bedürfnis nach Intimität konstruiert. In der Pubertät kommt mit der Reife der Geschlechtsorgane und steigender Autonomie dazu ein erstmaliges Bedürfnis nach Sexualität, was

---

[17] Günter Dux, *Geschlecht und Gesellschaft – Warum wir lieben: Die romantische Liebe nach dem Verlust der Welt.* Frankfurt am Main, Suhrkamp Verlag, 1994, 34.; biologisch physiologisch und taxonomisch ist der Mensch dennoch als *homo sapiens* ein Tier gelistet.
[18] ibidem: 45, vgl. H. Plessner, 'Die Stufen des Organischen und der Mensch', *Ges. Schriften*, Bd. IV, Frankfurt am Main, Suhrkamp Verlag, 2003, S.385-391.

eine Abkehr von der frühkindlich durch Unselbstständigkeit geprägten Intimität der Familie und ein Streben nach Außen erfordert.[19] Im weiteren Verlauf versucht der Mensch dann Intimität wieder zu erlangen und mit Sexualität zu verbinden und in der Liebe zu einen.

Erich Fromm versteht den Menschen durch seine Enkulturation und Vernunft als *Leben, das sich selbst bewusst ist*[20] und schildert dies als die Ursache für sein gefühltes Getrenntsein[21]. Der Mensch hat nach ihm Bewusstsein über sich selbst, andere Gesellschaftsmitglieder, seine Fähigkeiten, seiner Vergangenheit, Zukunft, etc. Dieses Bewusstsein jedoch führt auch zu dem Wissen, dass man als Mensch ein abgetrenntes, autonomes Wesen ist, keine Macht über Leben und Tod hat, und hilflos gegenüber Kräften von Gesellschaft und Natur ist. Das Wissen um ihre separate, getrennte Existenz ist somit Grundbestandteil der Menschen. Trennungserfahrungen lösen eine immense Angst aus, da der Mensch sich in diesem Zustand in seiner eigenen Einflussnahme stark gestört fühlt, und sich machtlos seiner Außenwelt gegenübersieht. In diesem Zustand kann der Mensch seine menschlichen Kapazitäten und Kräfte nicht nutzen. Nur in Gemeinsamkeit und Wiedervereinigung mit anderen Menschen schafft er es, diese Grundangst zu bekämpfen. Dieses Prinzip der menschlichen Existenzbedingung sieht Fromm gelöst durch Liebe, in der einen oder anderen Form.[22] Auch wenn Fromm wissenschaftlich nicht sonderlich stichhaltig argumentiert führt er einen interessanten Punkt an: Dux sieht analog zu dieser Grundeinsamkeit des Menschen die widersprüchliche Beschaffenheit des menschlichen Körpers. Einerseits, ist dieser als biologisches System mit seinen Erhaltungs- und Stabilisierungsprozessen nicht fähig zu kommunizieren, und ist selbstreferenziell. Andererseits dient er als Medium für Kommunikation im Sinne von Bedeutungszuschreibungen durch Menschen. In der romantischen Liebe mit einer anderen Person, der Verbindung von Intimität und Sexualität wird dieser Widerspruch scheinbar aufgelöst und Kommunikation des Körpers ermöglicht.[23]

Während Fromm von einem „natürlichen" bzw. existenziellen Bedürfnis nach Liebe spricht, sieht Luhmann in der Liebesthematik vor allem ein auftauchendes Streben nach Liebe nach dem Wandel von stratifikatorischen zu funktionalen Gesellschaftsdifferenzierungen und der Konstitution des Individuums. Die meiner Ansicht nach für die Arbeit relevantesten seiner Überlegungen sind folgende:

---

[19] ibidem: 83f
[20] engl. "Life being aware of itself"
[21] engl. "separateness"
[22] Erich Fromm, *The Art of Loving*. New York, Harper Perennial Modern Classics, 2006, S. 8f.
[23] Dux, *Geschlecht und Gesellschaft*, 95

Der o.g. Wandel einer stratifikatorischen zu einer funktionalen Gesellschaftsdifferenzierung bedeutet zunächst eine stärkere Differenzierung von personalen und sozialen Systemen bzw. von deren System/Umwelt – Differenzen. Darin kann eine Einzelperson nicht mehr sinnvoll einem einzigen Subsystem untergeordnet werden kann. Dies heißt, dass die alte Spezifikation eines Individuums durch Schicht, Land, Stadt, Beruf, Familie fast keine Rolle mehr spielt; vielmehr konstituiert sich die Person nun durch größere Verschiedenartigkeit von Merkmalen und der individuellen Differenz zur Umwelt bzw. durch ihre „Weltsicht". Ebenfalls erlebt die Gesellschaft eine Steigerung von Komplexität und Undurchschaubarkeit der Möglichkeiten der Welt. Aufgrund dessen empfindet der Mensch ein Verlangen nach einer durchschaubareren, vertrauteren *Nahwelt*. Diese bietet jedoch paradoxerweise mit steigender Individualität der Personen weniger Entfaltungsspielraum als unpersönliche Makromechanismen der Welt (wirtschaftliche, politische, etc.). Die Einzelperson braucht somit eine für sie nutzbare Differenz von den persönlichen Erfahrungen in der *Nahwelt* zu der anonymen, unpersönlichen *Fernwelt*. Luhmann sagt auch, dass nur mit dieser Differenz es einer Person möglich ist, Informationen zu gewinnen und einordnen zu können, um die ihr offenstehenden Möglichkeiten abzugreifen. Die Person orientiert sich so gewissermaßen an der Differenz von persönlichen und unpersönlichen („extern motivierten"[24]) Interaktionen. Für diese höchst persönlichen, individuellen Handlungsmuster und Verarbeitungskriterien braucht das Individuum ferner soziale Formen, die eine Möglichkeit der sozialen Bestätigung einräumen; es muss in dem was es ist, und was es sieht „Resonanz" finden können. Für die Einrichtung einer intimen, *gemeinsamen* Nah- oder *Privatwelt*, muss also ein Kommunikationsmedium existieren, das vermitteln kann zwischen den Welten und Weltsichten der zwei Individuen und gleichzeitig auch ein Engagement für den jeweils anderen in seiner jeweils anderen Welt bzw. Weltsicht ermöglicht. Dieses Kommunikationsmedium wurde in der Geschichte des Menschen entwickelt unter dem „semantischen Feld von Freundschaft und Liebe".[25] Er bezeichnet dies auch als *symbolisch generalisierte Kommunikationsmedien*. Diese sind semantische Einrichtungen, die es ermöglichen, dass an sich unwahrscheinliche Kommunikationen Erfolg haben können, und überhaupt erst gewagt werden.[26] Das Medium der Liebe ist also kein Gefühl, sondern ein Kommunikationscode, der vorgibt, wie man Gefühle bilden, simulieren, unterstellen, und ausdrücken kann, wenn eben derartige Kommunikation stattfindet. Luhmann versteht die Liebe also als ein Verhaltensmodell,

---

[24] Niklas Luhmann, *Liebe als Passion*, 13. Aufl., Frankfurt am Main, Suhrkamp Verlag, 2015, S. 16.
[25] ibidem
[26] ibidem 21

das zur Orientierung dient und schon vor der Partnersuche existiert, und somit der Einzelperson auch auf der Gefühlsebene zu verstehen gibt, dass sie keinen Partner hat.[27]

Dux führt ähnlich zu dem Wandel in der *Funktionalisierung der Gesellschaft* an, dass die Welt dem Subjekt als sinngebende Determinante verlorengegangen ist. Liebende in dieser scheinbar sinnfreien Welt erkennen daher einzig ineinander einen Sinn, und sehen sich aneinander verwiesen. Er schlussfolgert deshalb auch, dass „die romantische Liebe zur Liebe katexochen" geworden ist.[28]

Kurzer Rückblick in vergangene Jahrhunderte

Betrachtet man rückblickend die Liebe in der Literatur und in zeitgenössischen Debatten, bemerkt man ebenfalls einige Wandel. Dies ist insofern interessant, da die Liebessemantik auch parallel zur Ausdifferenzierung von Intimbeziehungen in der Gesellschaft verläuft. So galt es in der schwer aristokratisierten Liebeslyrik des Mittelalters, die Liebe ins *Unwahrscheinliche* zu idealisieren und sich so in Distinktion zu der vulgären, direkten Befriedigung von Bedürfnissen (wie beispielsweise die *häusliche Reproduktionssexualität*, oder *Affären*) abzugrenzen. Stellvertretend ist dies auch die bekannte Idee der großen Liebe, die nur einer Frau gelten kann und Erotik auch nur mit dieser Frau *möglich* ist.[29] Im 17. Jahrhundert löst sich die Liebe als Diktat von Familie und Religion und verfolgt ein *heimliches Ziel* des sexuellen Genusses und findet durch Imagination Einzug in die Literatur und bleibt an ihre eigene Semantik gefesselt. Erst in der Romantik wird die Sexualität in die Liebe eingebunden, bis ihr schließlich Ende 19. Jahrhundert unterstellt wird, dass sie nichts weiter als eine exklusive Systematisierung sexuellen Instinkts sei.[30] Des Weiteren wird seit mehr als drei Jahrhunderten unterstellt, dass die romantischen Fiktion, vornehmlich Literatur, verantwortlich für eine *Verwirrung der Gefühle sei*.[31] Jedoch scheint dies seit dem Aufkommen der Massenkultur nachdrücklicher vertreten zu sein.[32]

Wie äußert sich Liebe in Moderne und Gegenwart?

Letzte Äußerung über die Massenkultur verlangt, darüber nachzudenken, welche konkreten Vorstellungen von Liebe in der Gegenwart und der Moderne herrschen, und wie diese kodifiziert

---

[27] ibidem 23
[28] Dux, *Geschlecht und Gesellschaft,* 21; vgl. Kap. *Etymologie*
[29] Luhmann, *Liebe als Passion,* S. 51
[30] Luhmann, *Liebe als Passion,* S. 51f
[31] Eva Illouz, *Konsum der Romantik*, Suhrkamp, Frankfurt am Main, 2007, S. 189; prominente Beispiele die dies kritisch betrachten finden sich bei Shakespeares Werken, in *Don Quixote*, und Madame Bovary von Gustave Flaubert.
[32] ibidem

sin. Nach Eva Illouz gibt es hierfür folgende Determinanten, die ich anführen will: Leitbilder des Konsums und Sexyness, die Einbildungskraft, und die Architektur der romantischen Wahl.

Illouz behauptet, dass sich um die Wende des 19. zum 20. Jahrhunderts einiges, was Sexualität und Liebe betrifft, sich änderte. Insbesondere sagt sie, dass die Geschlechtsidentität nun mehr eine sexuelle Identität geworden, die darauf abzielt „sexy" zu sein, um somit bei anderen Menschen durch entsprechende Sprache, Kleidung, und Verhalten Begehren auszulösen. Sie sieht vor allem die Verbindung von Konsumkultur und angehender Legitimation von Sexualität als bedeutendsten kulturellen Mächte dafür. Mit der Institutionalisierung von Massenmedien und Werbung, sieht Illouz die Kosmetikindustrie als großen Einflussnehmer. Im 19. Jahrhundert diente die Kosmetik noch der Untermalung des Charakters, im 20. Jahrhundert entfernte sie sich durch die das Auftauchen der Kosmetik*industrie* davon, Persönlichkeit zu untermalen.[33] Denn durch Werbung, in der beispielsweise sehr oft Frauen in Schminke gezeigt wurden (und werden), die Aktivitäten nachgehen, die scheinbar als „weiblich, sportlich und lebenslustig"[34] empfunden werden, wie beispielsweise auch Schwimmen und Sonnenbaden führte dies u.a. zu einer Entfremdung der persönlichkeitsuntermalenden Kosmetik, aber war auch Teil eines neues Prozesses in dem der gesamte menschliche Körper allmählich ästhetisiert wurde. Dazu kommt, dass die Kosmetikbranche weitgehend mit der Mode- und Filmindustrie kooperierte[35] und versuchte auch so alle sozialen Schichten zu erreichen. Durch die Möglichkeit von massentauglichen Medien wie Plakaten, Filmen, Zeitschriften, etc. war es möglich den Körper bildlich erotisiert zu propagieren, und zunächst vor allem durch weibliche Akteurinnen in den Massenmedien die Bereiche Kosmetik, Weiblichkeit, Konsum und Erotik zu verbinden[36]. Ziel dessen war es dadurch ein Begehren für die Produkte, jedoch auch für die so porträtierte Erotik zu evozieren. Ebenfalls bewirkte diese Kommerzialisierung des Körpers eine Verbindung von Idealen wie sinnlicher Befriedigung, Vergnügen und Sexualität.[37]

Vor allem in der US-amerikanischen Kultur beginnend im 20. Jahrhundert gab und gibt es eine sehr penetrante Kommerzialisierung von Sex und Sexualität, in der die Kulturindustrien sowohl den „Schönheits"- und Fitnesskult vorantrieben, als auch Definitionen von Männlich- und Weiblichkeit über erotische und sexuelle Eigenschaften festlegten. Dies hatte zur Folge, dass sexuelle Attraktivität und Sexyness laut Illouz zu wichtigen Merkmalen bei der Partnerwahl und der

---

[33] Eva Illouz, *Warum Liebe weh tut*. Frankfurt am Main, Suhrkamp Verlag, 2012, S. 83f

[34] Eva Illouz, *Warum Liebe weh tut,* 85 zit. nach Kathy Peiss, *Hope in a Jar,* New York, Metropolitan Books, 1998, S.126.

[35] es gab beispielsweise berühmte FilmschaupielerInnen, die nebenbei für Kosmetikwerbung angestellt wurden

[36] Peiss, Hope in a Jar, 114

[37] Illouz, Warum Liebe weh tut, 87.

Gestaltung der Persönlichkeit wurden. Ebenfalls wurde Sexualität nun zu einer Erfahrung, die von langfristigen Bindungen oder Verpflichtungen wie der Ehe, und auch tieferen Emotionen getrennt ist.[38]

In der professionellen Psychologie und Psychoanalyse wurde auch immer mehr hervorgehoben, dass ein gesundes Selbst von einem guten Sexualleben abhinge. Durch die sogenannte zweite Frauenbewegung wurde lustvolle Sexualität auch als eine Behauptung von Autonomie, Freiheit und Gleichheit mit Männern gesehen[39]. Durch die Legitimierung von Sexualität und die Verbreitung von Sexyness und körperbetonter Erotik hat die physische Attraktivität an Bedeutung enorm zugenommen, und so auch die Partnerwahlmöglichkeiten vergrößert. So ist es zum Beispiel möglich geworden, dass Frauen, die eher weniger wohlhabend und gebildet sind, nur durch ihre Attraktivität Zugang zu Männern von höherer Gesellschaftsschicht haben können[40], was früher nicht möglich war und auch nicht zwangsläufig zu befürworten ist. Diese Entfernung von status- oder habitusorientierter Partnerwahl führte jedoch schließlich zu einer Vervielfältigung von Auswahlmöglichkeiten und zu einem höchst individuellen Ausdifferenzierungsprozess, trotz Standardisierung von „Schönheit" und Sexyness, beispielsweise durch Mode und Models[41]. Dies ist auch eine Folge eines historischen Prozesses von stetiger Deregulierung romantischer Begegnungen, und der gleichzeitigen Entkoppelung von romantischen Begegnungen von traditionellen moralischen Rahmenbedingungen, die diesen Prozess einst bestimmten.[42]

Ebenfalls wichtig für das Verständnis von romantischer Liebe in der heutigen Zeit ist die Einbildungskraft. Nach Adorno ist der warenförmiger, institutionalisierter Gebrauch von Einbildungskraft zentral für eine Konsumgesellschaft.[43] So ist die (romantische) Imagination, wie unter anderem das Tagträumen bestimmend für ein Begehren, für das Waren und Konsum wiederum eine Hilfestellung bieten. Anhand von Medien, die Bilder und Geschichten vermitteln, phantasiert das Subjekt in seiner Freizeit und entwickelt Sehnsüchte in diesem Sinne, tagträumt beispielsweise von Luxus[44]. Nach Jeffrey Alexander ist die Einbildungskraft weniger ein reines Erfinden, sondern

---

[38] ibidem 89.
[39] ibidem 90 nach Jane F. Gerhard, *Desiring Revolution*, New York, Columbia University Press, 2001.
[40] ibidem 95.
[41] ibidem 97
[42] ibidem 100
[43] ibidem 358 nach Theodor W. Adorno et al., *Der Positivismusstreit in der deutschen Soziologie (1969)*, München, 1993, S. 63.
[44] ibidem 365-369

eine Verarbeitung bestehender kultureller Szenarien und Konstrukte.[45] Inwiefern sich dies nun auf romantische Ideale auswirkt, soll als nächstes besprochen werden.

Einfluss medialer Repräsentation von Liebe

Macht der Werbung

Wie bereits festgestellt, begann Anfang des 20. Jahrhunderts einen Umschwung in der Werbung. Es ging immer weniger darum, Informationen über Produkte vorzustellen, und deren Eigenschaften zu werben. Vielmehr entwickelte sich eine immaterielle Wertzumessung bei an sich materiellen Gütern. Produkte wurden durchgängig mit Werten wie Glück, Schönheit, Glamour, Jugend, etc. verbunden. Die Werbung wurde durch die übermäßige Darstellung von Liebe und Wohlstand traumähnlich und sprach die Sehnsüchte der Menschen an. Gleichzeitig errichtete sie den Glauben, dass Individuen Intimität nur anhand bestimmte Waren vermitteln können. Durch den Nutzen romantischer Liebe und der Attribuierung erotischen Verlangens bekamen Waren einen Fetischcharakter, und wurden somit selbst zum Objekt von menschlicher Begierde.[46] Illouz spricht u.a. von zwei Markern in der Veränderung romantischer Liebe: Die Romantisierung der Waren (s.o.), aber auch von der Verdinglichung der romantischen Liebe. So sagt sie, dass romantische Praktiken zunehmend mit dem Konsum von Freiheitsgütern und Erlebnistechnologien des Massenmarktes verbunden wurden.[47]

Grundlegend ist auch die These von Bedeutung, dass im Zuge der Entwicklung neuer Technologien und den immer fortschrittlicheren und leicht zugänglicheren Medien, Bilder und Narrative verbreitet werden, die starken Einfluss auf die Gesellschaft nehmen. Eva Illouz postuliert, dass das Kino perfektionierte, was der Roman begonnen hatte. Denn in Filmen ist es allein schon wegen der Visualität leichter, sich mit Charakteren zu identifizieren, so wie sich mit Szenarien und Verhaltensweisen zu beschäftigen, die Bilder eines „alltäglichen Lebens" darstellen und als ästhetische Szenen produziert werden. Die Aufdringlichkeit der Industrie erzwinge damit eine Kultur, in der sich die Menschen in Sehnsüchten und Tagträumen ergehen.[48] Die hauptsächliche Konsumaktivität liegt laut Campbell in einer imaginären Vergnügungssuche und -*sucht*, zu der sich dann ein

---

[45] ibidem 359 nach Jeffrey Alexander, *Cultural Trauma and Collective Identity*, Berkeley, University of California Press, 2004, S. 9.
[46] Illouz, *Konsum der Romantik*, 103
[47] ibidem 53
[48] ibidem 373

bestimmtes Produktimage anbietet.[49] Illouz führt den Gedanken weiter, indem sie behauptet, dass Wünsche, Gefühle, und Gelüste des modernen Subjekts hauptsächlich imaginär wahrgenommen werden, und durch Konsumgütermarkt und Massenkultur institutionalisiert sind. Dadurch, dass die übertragenen Bilder in Filmen so lebendig wirken, und viele Worte und Gesten einen potentiell erotischen Charakter haben, können sie bei dem Konsumenten oder der Konsumentin starke emotionale und physiologische Erregungen erzeugen, die sich dann wiederum in einen *Lerneffekt* niederschlagen, der die Liebe und Liebeszenarien folgendermaßen porträtiert: Zum einen ist die Liebe das stärkste Gefühl, da der Glückseligkeit am nächsten; zum anderen kann die Liebe allein Legitimation von und für Handlungen sein, da sie ihr Sinn verleiht. Des Weiteren vermittelt die Massenkultur klare geschlechterspezifische Unterschiede in Bezug auf Handlungsziele und Warenerlangung und beeinflusst somit erheblich die Phantasie und die Wahrnehmung des Alltags, vor allem in den Bereichen Liebe, Familienleben, Sex.[50] Eine Gefahr die besteht ist somit, dass durch die Medienkultur geprägte Vorstellungskraft übermäßige Erwartungen entstehen, die die Realität nicht befriedigen kann und wir uns in der Folge an Enttäuschung gewöhnen müssen.[51]

Überlegungen zur Wirkmacht von Filmen

Diese Überlegungen Illouz' zur Macht der Medien, insbesondere des Films will ich nun ein wenig ausführen, um zu überprüfen, ob die Wahrnehmung des Alltags in derartiger Weise beeinflusst ist und werden kann.

In Kulturen in denen das Kino- und Fernseherlebnis, so wie heutzutage andere visuelle und auditive Medien (Internet, Smartphones, Tablets) zum Alltag gehören, lernen Kinder Film zu verstehen, noch bevor sie das Lesen gelernt haben.[52] Der Film hat mehr als jedes andere Medium die Fähigkeit ohne mühsam erworbene Kompetenzen eine Ähnlichkeit zur Wirklichkeit für den Zuschauer zu erstellen. Beim Betrachten eines Films wird der Zuschauer oder die Zuschauerin von einem Wirklichkeitseindruck gefasst; die Welt der Fiktion nimmt beim Betrachten den Platz der Wirklichkeit ein und es kommt zu einer *Entdifferenzierung von Film und Wahrnehmung*.[53] Diese

---

[49] ibidem 374 nach Colin Campbell, *The Romantic Ethic and the Spirit of Modern Consumerism*, Oxford / New York, WritersPrintShop, 1989, S. 89.
[50] ibidem 375-380; man denke zum Beispiel an Porno-Filmen, die bei Jugendlichen oftmals die Vorstellung unterhalten, dass Sex in diesem Stile nachgeahmt werden müsse, um gut bzw. richtig zu sein.
[51] ibidem 393
[52] Knut Hickethier, *Film- und Fernsehanalyse*, 2. Aufl., Stuttgart, J.B. Metzler, 1996, S. 1.
[53] Rainer Winter, *Filmsoziologie*, München, Quintessenz Studium, 1992, S. 85f.

Entdifferenzierung wird nicht nur dadurch verstärkt, dass meist aus der Öffentlichkeit ausgegrenzte Verhaltensweisen wie Aggression und Sexualität selbstverständliche Bestandteile des Films sind; das Kino kann auch im Vergleich zu Literatur Bedeutungen, Begehren und Phantasien grundsätzlich anders darstellen, als dies mit Worten überhaupt *möglich* ist.[54] Als unbeweglicher Zuschauender im Sessel sitzend ist man gleichzeitig auch gefesselt an den Film: sowohl visuell – u.a. durch die Abdunkelung des Raumes – auf Handlung und Bewegungsablauf und Fokussetzung, als auch kognitiv und auditiv. Durch gezielt eingesetzte Kamera- und Blickführung (z.B. *subjektive* Kameraführung), werden sowohl starke Identifikationen als auch Emotionen ausgelöst. So wird bei Kussszenen oft anhand drehender Kameraführung ein Schwindelgefühl oder auch eine „endorphingesteigerte Drehschwindelekstase"[55] beim Rezipienten erzeugt, die Gefühlen beim „echten" Kuss nachempfunden sein soll. Daneben hat sich auch ein weiteres Stilmittel etabliert: Der das Liebesgefühl codierende bzw. *entcodierende* Blickwechsel; die „Liebe auf den ersten Blick", wie es so oft umgangssprachlich (in Filmen) heißt zeigt den Vorgang der Annäherung zweier Personen und die Transformation einer unpersönlichen in eine höchstintime Beziehung drastisch gekürzt in seiner Komplexität, als auch in seiner zeitlichen Dauer, in einen einzigen Moment dar; zwei Personen (die sich evtl. zum ersten Mal sehen) schauen sich an und haben plötzlich sehr intensive Liebesgefühle füreinander.[56] Auch hier wird durch Kamera- und Blickführung eine starke emotionale Reaktion bei dem oder der Betrachterin ausgelöst.

Ebenfalls spielt die o.g. Identifikation eine maßgebliche Rolle bei der Betrachtung eines Films. Die Identifikation geschieht einerseits auf narzisstische Art und Weise mit der Hauptfigur, aber auch durch die Wiedererkennung individueller Eigenschaften in anderen Figuren im Film, vorausgesetzt natürlich, dass es dafür eine Grundlage gibt.[57] Des Weiteren ist auch interessant zu beobachten, dass vor allem Jugendliche Filmstars imitieren wollen, und in der Realität so versuchen zu handeln und aufzutreten, wie es beispielsweise Madonna oder James Bond täten, um damit einen bestimmten Effekt zu erzielen.[58] Hierbei spielen gleichfalls wieder Faktoren wie Männlichkeit und Weiblichkeit, aber auch mit der Person bzw. dem Geschlecht verbundene Waren bestimmter Kleidungs-, Getränke-, Uhren- oder auch Automarken eine Rolle.

[54] ibidem 100
[55] Kornelia Hahn, 'Liebe im Film', in Kornelia Hahn & Günter Burkart (ed.), *Liebe am Ende des 20. Jahrhunderts*, Opladen, Leske + Budrich, 1998, S. 172. nach Michael Mechel, *Der küssende Schauspieler*, in Claudia Gehrke, Petra Höhne, Michael Kötz (ed.), *Schauplatz Liebe*, Tübingen, Konkursbuch Verlag, 1990, S. 90.
[56] ibidem 167
[57] Winter, *Filmsoziologie*, 66
[58] ibidem 85

Eine wichtige Rolle hat aber auch der Interpretationsspielraum, so hängt es von der Kultur der ZuschauerInnen ab, wie sie den Film interpretieren. Ohne bestimmte Vorkenntnisse und erlernte Codes, wäre es ihnen auch schlichtweg unmöglich, den Film oder auch nur Teile davon zu verstehen. Der Film bzw. Aspekte und Figuren aus ihm können also in verschiedenen Kulturen unterschiedlich gedeutet, bzw. auch unterschiedlich von der Absicht oder Kodierung der FilmemacherInnen verstanden werden[59]. Siegfried Kracauer betrachtet beispielsweise den herausragenden Filmkritiker nur als einen Gesellschaftskritiker, denn dieser soll die sozialen Vorstellungen und Ideologien enthüllen, die in einem Film versteckt sind, um damit die Einflussnahme des Films zu kontrollieren.[60]

Jedoch bleibt am Ende dieses kurzen Exkurses immer noch fraglich, inwiefern sich die Filmwirklichkeit, vor allem in Bezug auf Liebesbeziehungen, *nachhaltig* auf die soziale Realität auswirkt. Anders gesagt, was lernen wir beim Betrachten eines Films bzgl. der Liebe, was wir nicht bereits kennen? Wo findet der angedeutete Lerneffekt statt?

In ihrer Studie „Liebe im Film" stellt Hahn abschließend nur fest, dass sich in der Alltagsliebe Filmszenen nicht einfach nachspielen lassen, dass jedoch das Memorisieren von filmischen Liebesszenarien eine Wahrnehmungssensibilisierung für erotische Zeichen in der sozialen Wirklichkeit bewirke, und dazu auch eine „viel fundamentalere Disposition zur Aufnahme von Liebesbeziehungen" darstelle, als das reine Merken der Szenenhandlung.[61]

Insofern konnte ich Eva Illouz' Behauptung, dass die Massenmedien die Wahrnehmung des Alltags in den Bereichen Familie, Liebe, Sex nachhaltig verändern und unerfüllbare Erwartungen schüren, nicht zufriedenstellend bestätigen. Des Weiteren scheint es mir nun auch recht selektiv, was der oder die einzelne aus einem Film zieht und dies ist wiederum ohne weiteres nicht so leicht bestimmbar.

Schlussbetrachtungen und Fazit

Die meisten der Quellen, die ich für die Analyse der Wirkmacht von Filmen und Werbung nutzen und auch finden konnte, waren zu diesem Zeitpunkt vor 20 oder weitaus mehr Jahren verfasst. Somit sind darin enthaltene Vorstellungen von romantischen Idealen evtl. abweichend zu

---

[59] ibidem 71
[60] ibidem 88 nach Siegfried Kracauer, 'Über die Aufgabe des Filmkritikers', in S. Kracauer (ed., 1980), *Kino*, Frankfurt am Main, Suhrkamp Verlag, 1932, 11.
[61] Hahn, *Liebe im Film*, 172

heutigen. Dazu kommt, dass sich Filme und Werbung in ihrer Technik, aber auch in ihrer Präsenz und ihren Trends verändert haben, und so heutzutage anders wirken könnten und daher neuere Analysen der Filmsoziologie vonnöten wären. Jedoch sind mir bis dato keine derartigen Abhandlungen bekannt. In den vorausgegangenen Analysen anderer AutorInnen ist keine ganzheitliche Schilderung romantischer Ideale dargestellt worden, es wurden eher Fragmente beschrieben, denen einzelne Bedeutungen zugeschrieben werden können. Denn die Thematik Liebe von einer generellen Ebene (wie die Gemeinsamkeit der Menschen nach Liebe zu streben) auf etwas spezielles zu zuspitzen (nach welchen konkreten Idealen der Mensch sein Liebesleben einrichtet) scheint schwer, da das Gefühl der Liebe für eine Person, und die damit verbundenen Rolleneinnahmen und Handlungen doch zu individuell sind, um wiederum allumfassende Generalisierungen zu treffen. Denn was sich ein einzelner Mensch von Liebe vorstellt, mag für ihn oder sie unmöglich zu artikulieren sein, sich in der Vorstellung ändern, oder eben verschieden von den Vorstellungen anderer sein. Gerade deswegen ist es vielleicht wichtig, neue Studien anzuregen, die nach Gemeinsamkeiten und Unterschieden in der Vorstellung und in Konflikten bei der Ausübung von romantischer Liebe in der Gegenwart suchen, anstatt in großem Stile auf individuelle Psychologisierungen zu rekurrieren.

Weiterhin besteht für mich die Frage, welche Phantasien die Menschheit pflegt, oder auch der einzelne Mensch, die an der Realität scheitern (s.o.) und ob dieser „illusionierte, verblendete Mensch", der an die „falsche" und warenhafte Liebe glaubt, ein Massenphänomen ist – wie Illouz dies meines Erachtens nach an einigen Beispielen darstellt, oder überhaupt keins. In diesem Sinne wäre sicherlich auch zu prüfen, ob es Personengruppen gibt, die dazu neigen, sich eher und leichtfertiger Phantasien zuzueignen als andere, bzw. sich der Filme und Literatur frönen, die bestimmte Vorstellungen unterhalten, und wie und ob, infolgedessen oder wegen etwas anderem, deren Realität eher von schwerwiegenden Enttäuschungen gezeichnet ist. Hier wäre ebenfalls interessant herauszufinden, inwiefern Menschen filmische Darstellungen wie „die Liebe auf den ersten Blick" (s.o.) in der Realität als Erwartung hegen, oder wirklich erleben bzw. glauben erlebt zu haben. Ferner gehe auch davon aus, dass Menschen Übertreibungen in Filmen und Kunst verstehen, und auch als solche einordnen können, da dies auch zu dem erlernten Code des Filmeverstehens gehört. Unklar ist für mich jedoch nach dieser Recherche geblieben, welche Ideale im Allgemeinen in der Codierung von romantischer Liebe stecken, wie die Gesellschaft diese erzeugt, reproduziert, und wandelt.   <Ende>

Literatur- und Quellenverzeichnis

Adorno, T. W., et al., *Der Positivismusstreit in der deutschen Soziologie (1969)*, München, Deutscher Taschenbuchverlag, 1993.

Campbell, C., *The Romantic Ethic and the Spirit of Modern Consumerism*, Oxford / New York, WritersPrintShop, 1989.

Alexander, J., *Cultural Trauma and Collective Identity*, Berkeley, University of California Press, 2004.

Duden, *amourös*, Online, <https://www.duden.de/rechtschreibung/amouroes>, (zuletzt geprüft: 26.10.2017).

Duden, *Deutsches Universalwörterbuch*, 8.Aufl., Berlin, Dudenverlag, 2015, S. 1475.

Duden, *Liebe*, Online, 2017, <http://www.duden.de/rechtschreibung/Liebe>, (zuletzt geprüft: 18.07.2017).

Duden, *Liebschaft*, Online, <https://www.duden.de/rechtschreibung/Liebschaft>, (zuletzt geprüft: 26.10.2017).

Dux, G., *Geschlecht und Gesellschaft – Warum wir lieben: Die romantische Liebe nach dem Verlust der Welt.* Frankfurt am Main, Suhrkamp Verlag, 1994

Fromm, E., *The Art of Loving.* New York, Harper Perennial Modern Classics, 2006.

Gerhard, J.F., *Desiring Revolution*, New York, Columbian University Press, Columbian University Press, 2001.

Hahn, K., 'Liebe im Film', in Kornelia Hahn & Günter Burkart (ed.), *Liebe am Ende des 20. Jahrhunderts*, Opladen, Leske + Budrich, 1998.

Hickethier, K., *Film- und Fernsehanalyse*, 2. Aufl., Stuttgart, J.B. Metzler, 1996.

Illouz, E., *Konsum der Romantik*, Frankfurt am Main, Suhrkamp Verlag, 2007.

Illouz, E., *Warum Liebe weh tut.* Frankfurt am Main, Suhrkamp Verlag, 2012.

Kluge, *Etymologisches Wörterbuch der deutschen Sprache*, 25. Aufl., Berlin, De Gruyter, 2011, S.576f.

Kracauer, S., 'Über die Aufgabe des Filmkritikers', in S. Kracauer (ed., 1980), *Kino*, Frankfurt am Main, Suhrkamp Verlag, 1932, 11.

Luhmann, N., *Liebe als Passion*, 13. Aufl., Frankfurt am Main, Suhrkamp Verlag, 2015.

Mechel, M., *Der küssende Schauspieler*, in Claudia Gehrke, Petra Höhne, Michael Kötz (ed.), *Schauplatz Liebe*, Tübingen, Konkursbuch Verlag, 1990,

Oxford Dictionary, *Love*, Online, <https://en.oxforddictionaries.com/definition/love>, (zuletzt geprüft: 18.7.2017).

Peiss, K., *Hope in a Jar,* New York, Metropolitan Books, 1998.

Plessner, H., 'Die Stufen des Organischen und der Mensch', *Ges. Schriften*, Bd. IV, Frankfurt am Main, Suhrkamp Verlag, 2003.

Rieh-Emde, A., 'Liebe – Partnerschaft – Sexualität' in Rainer Hornung, Claus Buddeberg, Thomas Bucher (ed.), *Sexualität im Wandel,* Zürich, Vdf Hochschulverlag, 2004, S. 121f.

Schmid, W., *Die Geburt der Philosophie im Garten der Lüste*, Frankfurt am Main, Hain / Athenäums Verlag, 1990.

Winter, R., *Filmsoziologie*, München, Quintessenz Studium, 1992.

Woschitz, K.M., 'Die Macht der Liebe. Eros, Philia und Agape', *Disputatio philosophica,* vol. 13 no.1, 2011, p. 117-131, Faculty of Philosophy of the Society of Jesus in Zagreb, https://hrcak.srce.hr/100725, (zuletzt geprüft: 6.02.2018).